Mein Fußball Tagebuch

MEINE SPIELE, MEINE ERLEBNISSE, MEINE ERFOLGE

riva

Bibliografische Information der Deutschen Nationalbibliothek

Die Deutsche Nationalbibliothek verzeichnet diese Publikation in der Deutschen Nationalbibliografie.
Detaillierte bibliografische Daten sind im Internet über http://dnb.de abrufbar.

Für Fragen und Anregungen
info@m-vg.de

Wichtiger Hinweis
Ausschließlich zum Zweck der besseren Lesbarkeit wurde auf eine genderspezifische Schreibweise sowie eine Mehrfachbezeichnung verzichtet. Alle personenbezogenen Bezeichnungen sind somit geschlechtsneutral zu verstehen.

Originalausgabe
5. Auflage 2024

© 2017 by riva Verlag, ein Imprint der Münchner Verlagsgruppe GmbH
Türkenstraße 89
80799 München
Tel.: 089 651285-0

Alle Rechte, insbesondere das Recht der Vervielfältigung und Verbreitung so-wie der Übersetzung, vorbehalten. Kein Teil des Werkes darf in irgendeiner Form (durch Fotokopie, Mikrofilm oder ein anderes Verfahren) ohne schriftliche Genehmigung des Verlages reproduziert oder unter Verwendung elektronischer Systeme gespeichert, verarbeitet, vervielfältigt oder verbreitet werden. Wir behalten uns die Nutzung unserer Inhalte für Text und Data Mining im Sinne von § 44b UrhG ausdrücklich vor.

Gestaltung, Satz: Maria Wittek, München
Illustrationen: shutterstock: Tiwat K; okawa somchai; Kwangmoozaa; sharpshutter; alongzo; En min Shen
Druck: Florjancic Tisk d.o.o., Slowenien
Printed in the EU

ISBN Print 978-3-7423-0266-3

Weitere Infos zum Verlag finden Sie unter

www.rivaverlag.de
Beachten Sie auch unsere weiteren Verlage unter www.m-vg.de

DIESES BUCH GEHÖRT:

Name

Adresse

Telefon

E-Mail

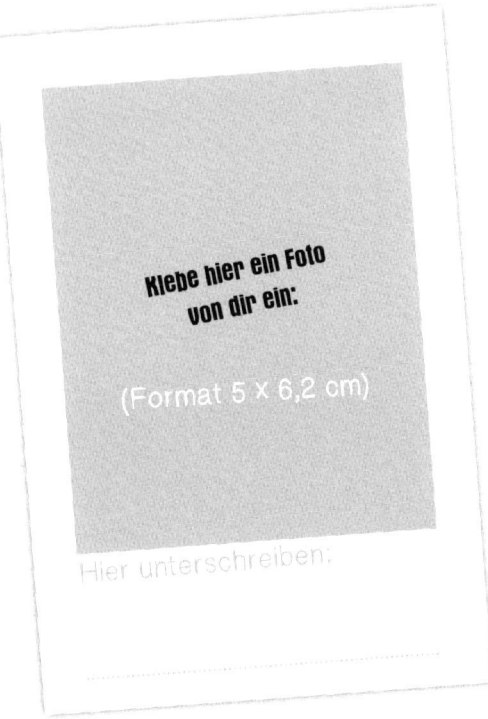

Name: ....

Spitzname auf dem Rasen:

....

Geburtsdatum: Größe:

....

Geburtsort: Nationalität:

....

Rückennummer: Position:

....

Auf dieser Position würde ich gerne öfter spielen:

....

Fuß: R L ☐ ☐

Schuhmodell: ....

Lieblingstrick: ....

Altersklasse: Saison:

....

Liga: ....

Mein Trainerstab: ....

MEIN SCHÖNSTER TAG ALS FUSSBALLER

....
....
....
....

Mein Verein:

....

....

Gründungsjahr: ....

Im Klub seit: ....

Für diesen Verein
möchte ich mal spielen: ....

Für diesen Verein
werde ich nie spielen: ....

Aktueller
Lieblingsspieler: ....

Wenn ich kein Fußballprofi werde, dann werde ich:

....

Mein Trikot

Hier kannst du ein Foto von deiner Mannschaft einkleben und dir Autogramme von allen deinen Mitspielern geben lassen:

Name	Position	Rücken-nummer

Meine Trainer

Die folgenden Seiten können deine Trainer ausfüllen – gib ihnen einfach dieses Buch!

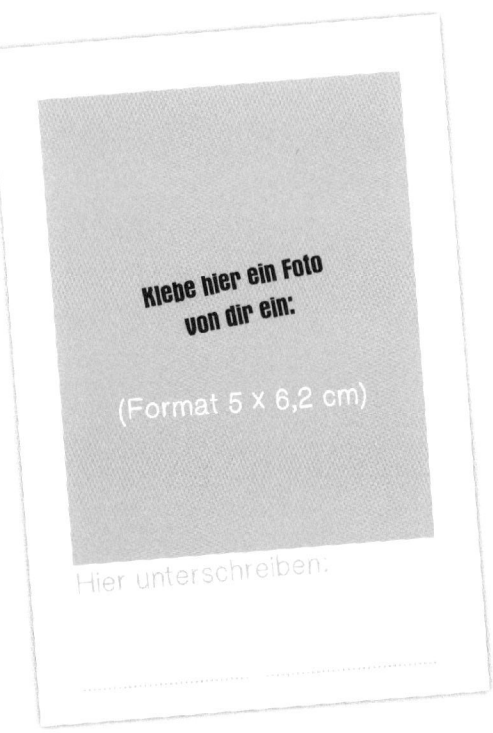

Name: ....

Alter: Im Verein seit:

....

Beruf:..

BISHERIGE TRAINERSTATIONEN

★ .... ★ ....
★ .... ★ ....
★ .... ★ ....

TRAINERPROFIL

VEREINE ALS AKTIVER FUSSBALLER

★ .... ★ ....

★ .... ★ ....

Lieblingsposition:

Größter Erfolg als Trainer:

....

Das ist mein Lieblingsverein:

Diesen Verein mag ich gar nicht:

....

DAS WAR MEIN SCHÖNSTES FUSSBALLERLEBNIS

....

....

....

DAS WILL ICH DIR NOCH MIT AUF DEN WEG GEBEN

....

....

....

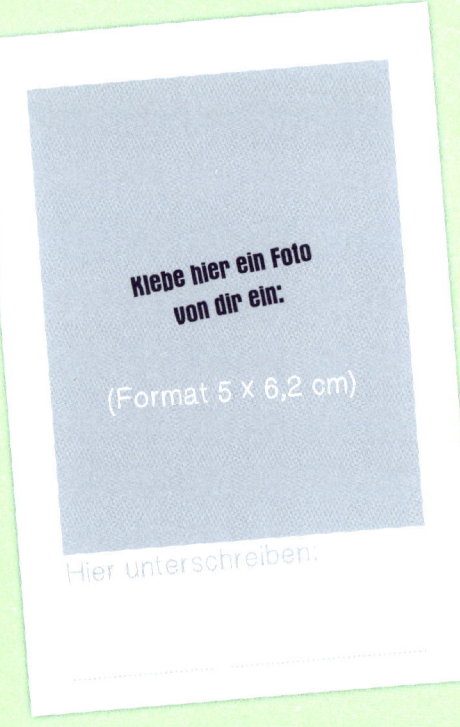

Klebe hier ein Foto von dir ein:

(Format 5 x 6,2 cm)

Hier unterschreiben.

Name: ....

Alter: .... Im Verein seit: ....

Beruf: ....

BISHERIGE TRAINERSTATIONEN

★ .... ★ ....
★ .... ★ ....
★ .... ★ ....

TRAINERPROFIL

VEREINE ALS AKTIVER FUSSBALLER

★ .... ★ ....

★ .... ★ ....

Lieblingsposition:

Größter Erfolg als Trainer:

....

Das ist mein Lieblingsverein:

Diesen Verein mag ich gar nicht:

....

DAS WAR MEIN SCHÖNSTES FUSSBALLERLEBNIS

....

....

....

DAS WILL ICH DIR NOCH MIT AUF DEN WEG GEBEN

....

....

....

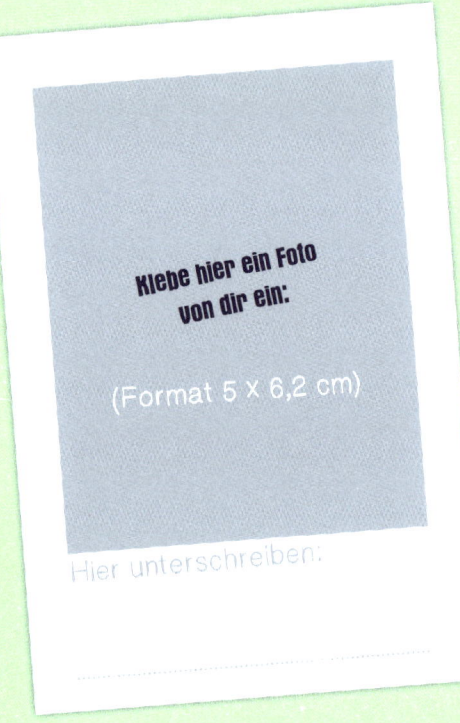

Klebe hier ein Foto von dir ein:

(Format 5 x 6,2 cm)

Hier unterschreiben:

Name: ....

Alter: ....   Im Verein seit: ....

Beruf: ....

BISHERIGE TRAINERSTATIONEN

★ ....   ★ ....

★ ....   ★ ....

★ ....   ★ ....

VEREINE ALS AKTIVER FUSSBALLER

TRAINERPROFIL

★ .... ★ ....
★ .... ★ ....

Lieblingsposition:

Größter Erfolg als Trainer:

....

Das ist mein Lieblingsverein:

Diesen Verein mag ich gar nicht:

....

DAS WAR MEIN SCHÖNSTES FUSSBALLERLEBNIS

....
....
....

DAS WILL ICH DIR NOCH MIT AUF DEN WEG GEBEN

....
....
....

Meine Mitspieler

Die folgenden Seiten können deine Mitspieler ausfüllen – gib ihnen einfach dieses Buch!

Klebe hier ein Foto von dir ein:

(Format 5 x 6,2 cm)

Hier unterschreiben:

Name:

....

Spitzname:

....

Geburtstag:

....

Adresse:

....

....

Telefonnummer:

....

BISHERIGE VEREINE

....
....
....

Im Verein seit: ....

Rückennummer: Position:

....

Auf dieser Position würde
ich gerne öfter spielen:

....

Fuß: ☐ ☐

Lieblingsfußballer: ....

Lieblingsverein: ....

Diesen Verein mag
ich gar nicht: Mein erstes Tor:

....

MEIN SCHÖNSTER TAG ALS FUSSBALLER

....

....

Wenn ich nicht Fußballprofi werde, dann werde ich:

....

Klebe hier ein Foto von dir ein:

(Format 5 x 6,2 cm)

Hier unterschreiben:

Name:

....

Spitzname:

....

Geburtstag:

....

Adresse:

....

....

Telefonnummer:

....

BISHERIGE VEREINE

....
....
....

Im Verein seit: ....

Rückennummer:

Position:

....

Auf dieser Position würde ich gerne öfter spielen:

....

Fuß: ☐ ☐

Lieblingsfußballer: ....

Lieblingsverein: ....

Diesen Verein mag ich gar nicht:

Mein erstes Tor:

....

MEIN SCHÖNSTER TAG ALS FUSSBALLER

....
....

Wenn ich nicht Fußballprofi werde, dann werde ich:

....

Name:

....

Spitzname:

....

Geburtstag:

....

Adresse: Telefonnummer:

....

....

BISHERIGE VEREINE

....

....

....

Im Verein seit: ....

Rückennummer: Position:

....

Auf dieser Position würde ich gerne öfter spielen:

....

Fuß: ☐ R ☐ L

Lieblingsfußballer: ....

Lieblingsverein: ....

Diesen Verein mag ich gar nicht: Mein erstes Tor:

....

MEIN SCHÖNSTER TAG ALS FUSSBALLER

....
....

Wenn ich nicht Fußballprofi werde, dann werde ich:

....

Klebe hier ein Foto
von dir ein:

(Format 5 x 6,2 cm)

Hier unterschreiben:

Name:

....

Spitzname:

....

Geburtstag:

....

Adresse:

Telefonnummer:

....

....

....

BISHERIGE VEREINE

....
....
....

Im Verein seit: ....

Rückennummer:

Position:
....

Auf dieser Position würde ich gerne öfter spielen:

....

Fuß: ☐ ☐

Lieblingsfußballer: ....

Lieblingsverein: ....

Diesen Verein mag ich gar nicht:

Mein erstes Tor:

....

MEIN SCHÖNSTER TAG ALS FUSSBALLER

....
....

Wenn ich nicht Fußballprofi werde, dann werde ich:

....

Klebe hier ein Foto
von dir ein:

(Format 5 x 6,2 cm)

Hier unterschreiben:

Name:
....

Spitzname:
....

Geburtstag:
....

Adresse:

....

....

Telefonnummer:

....

BISHERIGE VEREINE

....
....
....

Im Verein seit: ....

Rückennummer: Position:

....

Auf dieser Position würde ich gerne öfter spielen:

....

Fuß: ☐ ☐

Lieblingsfußballer: ....

Lieblingsverein: ....

Diesen Verein mag ich gar nicht: Mein erstes Tor:

....

MEIN SCHÖNSTER TAG ALS FUSSBALLER

....

....

Wenn ich nicht Fußballprofi werde, dann werde ich:

....

Klebe hier ein Foto von dir ein:

(Format 5 x 6,2 cm)

Hier unterschreiben:

Name:

....

Spitzname:

....

Geburtstag:

....

Adresse:

....

....

Telefonnummer:

....

BISHERIGE VEREINE

....
....
....

Im Verein seit: ....

Rückennummer:

Position:

....

Auf dieser Position würde ich gerne öfter spielen:

....

Fuß: ☐ ☐

Lieblingsfußballer: ....

Lieblingsverein: ....

Diesen Verein mag ich gar nicht:

Mein erstes Tor:

....

MEIN SCHÖNSTER TAG ALS FUSSBALLER

....
....

Wenn ich nicht Fußballprofi werde, dann werde ich:

....

Klebe hier ein Foto von dir ein:

(Format 5 × 6,2 cm)

Hier unterschreiben:

Name:

....

Spitzname:

....

Geburtstag:

....

Adresse:

....

....

Telefonnummer:

....

BISHERIGE VEREINE

....
....
....

Im Verein seit: ....

Rückennummer: Position:

....

Auf dieser Position würde ich gerne öfter spielen:

....

Fuß: ☐ ☐

Lieblingsfußballer: ....

Lieblingsverein: ....

Diesen Verein mag ich gar nicht: Mein erstes Tor:

....

MEIN SCHÖNSTER TAG ALS FUSSBALLER

....

....

Wenn ich nicht Fußballprofi werde, dann werde ich:

....

Klebe hier ein Foto von dir ein:

(Format 5 x 6,2 cm)

Hier unterschreiben:

Name:

....

Spitzname:

....

Geburtstag:

....

Adresse:

....

....

Telefonnummer:

....

BISHERIGE VEREINE

....
....
....

Im Verein seit: ....

Rückennummer:

Position:

....

Auf dieser Position würde ich gerne öfter spielen:

....

Fuß: R ☐ L ☐

Lieblingsfußballer: ....

Lieblingsverein: ....

Diesen Verein mag ich gar nicht:

Mein erstes Tor:

....

MEIN SCHÖNSTER TAG ALS FUSSBALLER

....
....

Wenn ich nicht Fußballprofi werde, dann werde ich:

....

Klebe hier ein Foto von dir ein:

(Format 5 x 6,2 cm)

Hier unterschreiben:

Name:

....

Spitzname:

....

Geburtstag:

....

Adresse:

....

....

Telefonnummer:

....

BISHERIGE VEREINE

....
....
....

Im Verein seit: ....

Rückennummer:

Position:
....

Auf dieser Position würde ich gerne öfter spielen:

....

Fuß: ☐ ☐

Lieblingsfußballer: ....

Lieblingsverein: ....

Diesen Verein mag ich gar nicht:

Mein erstes Tor:

....

MEIN SCHÖNSTER TAG ALS FUSSBALLER

....
....

Wenn ich nicht Fußballprofi werde, dann werde ich:

....

Klebe hier ein Foto
von dir ein:

(Format 5 x 6,2 cm)

Hier unterschreiben:

Name:

....

Spitzname:

....

Geburtstag:

....

Adresse:

....

....

Telefonnummer:

....

BISHERIGE VEREINE

....
....
....

Im Verein seit: ....

Rückennummer:

Position:

....

Auf dieser Position würde ich gerne öfter spielen:

....

Fuß: R ☐ L ☐

Lieblingsfußballer: ....

Lieblingsverein: ....

Diesen Verein mag ich gar nicht:

Mein erstes Tor:

....

MEIN SCHÖNSTER TAG ALS FUSSBALLER

....
....

Wenn ich nicht Fußballprofi werde, dann werde ich:

....

Name:

....

Spitzname:

....

Geburtstag:

....

Adresse:

Telefonnummer:

....

....

....

BISHERIGE VEREINE

....

....

....

Im Verein seit: ....

Rückennummer:	Position:

....

Auf dieser Position würde ich gerne öfter spielen:

....

Fuß: ☐ ☐

Lieblingsfußballer: ....

Lieblingsverein: ....

Diesen Verein mag ich gar nicht:	Mein erstes Tor:

....	....

MEIN SCHÖNSTER TAG ALS FUSSBALLER

....

....

Wenn ich nicht Fußballprofi werde, dann werde ich:

....

Klebe hier ein Foto
von dir ein:

(Format 5 × 6,2 cm)

Hier unterschreiben:

Name:
....

Spitzname:
....

Geburtstag:
....

Adresse:
....
....

Telefonnummer:
....

BISHERIGE VEREINE

....
....
....

Im Verein seit: ....

Rückennummer:

Position:

....

Auf dieser Position würde ich gerne öfter spielen:

....

Fuß: ☐ ☐

Lieblingsfußballer: ....

Lieblingsverein: ....

Diesen Verein mag ich gar nicht:

Mein erstes Tor:

....

MEIN SCHÖNSTER TAG ALS FUSSBALLER

....

....

Wenn ich nicht Fußballprofi werde, dann werde ich:

....

Klebe hier ein Foto von dir ein:

(Format 5 x 6,2 cm)

Hier unterschreiben:

Name:

....

Spitzname:

....

Geburtstag:

....

Adresse:

....

....

Telefonnummer:

....

BISHERIGE VEREINE

....

....

....

Im Verein seit: ....

Rückennummer: Position:

....

Auf dieser Position würde ich gerne öfter spielen:

....

Fuß: ☐ ☐

Lieblingsfußballer: ....

Lieblingsverein: ....

Diesen Verein mag ich gar nicht: Mein erstes Tor:

....

MEIN SCHÖNSTER TAG ALS FUSSBALLER

....
....

Wenn ich nicht Fußballprofi werde, dann werde ich:

....

Klebe hier ein Foto
von dir ein:

(Format 5 x 6,2 cm)

Hier unterschreiben:

Name:

....

Spitzname:

....

Geburtstag:

....

Adresse:

....

....

Telefonnummer:

....

BISHERIGE VEREINE

....
....
....

Im Verein seit: ....

Rückennummer:

Position:

....

Auf dieser Position würde ich gerne öfter spielen:

....

Fuß: ☐ ☐

Lieblingsfußballer: ....

Lieblingsverein: ....

Diesen Verein mag ich gar nicht:

Mein erstes Tor:

....

MEIN SCHÖNSTER TAG ALS FUSSBALLER

....
....

Wenn ich nicht Fußballprofi werde, dann werde ich:

....

Klebe hier ein Foto von dir ein:

(Format 5 × 6,2 cm)

Hier unterschreiben:

Name:
....

Spitzname:
....

Geburtstag:
....

Adresse:

Telefonnummer:

....

....

....

BISHERIGE VEREINE

....

....

....

Im Verein seit: ....

Rückennummer:

Position:

....

Auf dieser Position würde ich gerne öfter spielen:

....

Fuß: R ☐ L ☐

Lieblingsfußballer: ....

Lieblingsverein: ....

Diesen Verein mag ich gar nicht:

Mein erstes Tor:

....

MEIN SCHÖNSTER TAG ALS FUSSBALLER

....

....

Wenn ich nicht Fußballprofi werde, dann werde ich:

....

(Format 10 x 7 cm)

Hier kannst du Fotos von dir und deinem Team einkleben, die während der Saison entstanden sind.

(Format 10 x 7 cm)

Hier kannst du Fotos von dir und deinem Team einkleben, die während der Saison entstanden sind.

☐ LIGASPIEL ☐ FREUNDSCHAFTSSPIEL

Gegner

Spielstätte

Datum

Ergebnis

Bester Spieler

Tore/Minute

AUFSTELLUNG

Kapitän: ....

Abwehr: ....

....

Mitte: ....

....

Sturm: ....

Reserve: ....

....

Einwechslungen: ....

....

Trainer: ....

GELBE KARTEN/VERWARNUNGEN

....

Schiri:
gut ☐   mittel ☐   mies ☐   voll parteiisch ☐

SO LIEF MEIN SPIEL

....
....
....
....
....
....

WETTER

☐ ☐ ☐ ☐ ☐ ☐ ☐

☐ **LIGASPIEL** ☐ **FREUNDSCHAFTSSPIEL**

Gegner

Tore/Minute

Spielstätte

Datum

Ergebnis

Bester Spieler

AUFSTELLUNG

Kapitän: ....

Abwehr: ....

....

Mitte: ....

....

Sturm: ....

Reserve: ....

....

Einwechslungen: ....

....

Trainer: ....

GELBE KARTEN/VERWARNUNGEN

....

Schiri:
gut ☐   mittel ☐   mies ☐   voll parteiisch ☐

SO LIEF MEIN SPIEL

....
....
....
....
....
....

WETTER

☐   ☐   ☐   ☐   ☐   ☐   ☐

☐ **LIGASPIEL** ☐ **FREUNDSCHAFTSSPIEL**

Gegner

Tore/Minute

Spielstätte

Datum

Ergebnis

Bester Spieler

AUFSTELLUNG

Kapitän: ....

Abwehr: ....

....

Mitte: ....

....

Sturm: ....

Reserve: ....

....

Einwechslungen: ....

....

Trainer: ....

GELBE KARTEN/VERWARNUNGEN

....

Schiri:
gut ☐   mittel ☐   mies ☐   voll parteiisch ☐

SO LIEF MEIN SPIEL

....
....
....
....
....
....

WETTER

☐   ☐   ☐   ☐   ☐   ☐   ☐

☐ **LIGASPIEL** ☐ **FREUNDSCHAFTSSPIEL**

Gegner

Tore/Minute

Spielstätte

Datum

Ergebnis

Bester Spieler

AUFSTELLUNG

Kapitän: ....

Abwehr: ....

....

Mitte: ....

....

Sturm: ....

Reserve: ....

....

Einwechslungen: ....

....

Trainer: ....

GELBE KARTEN/VERWARNUNGEN

....

Schiri:
gut ☐   mittel ☐   mies ☐   voll parteiisch ☐

SO LIEF MEIN SPIEL

....
....
....
....
....
....
....

WETTER

☐ ☐ ☐ ☐ ☐ ☐ ☐

☐ **LIGASPIEL** ☐ **FREUNDSCHAFTSSPIEL**

Gegner

Tore/Minute

Spielstätte

Datum

Ergebnis

Bester Spieler

AUFSTELLUNG

Kapitän: ....

Abwehr: ....

....

Mitte: ....

....

Sturm: ....

Reserve: ....

....

SPIELBERICHTSBOGEN

Einwechslungen: ....

....

Trainer: ....

GELBE KARTEN/VERWARNUNGEN

....

Schiri:
gut ☐   mittel ☐   mies ☐   voll parteiisch ☐

SO LIEF MEIN SPIEL

....
....
....
....
....
....

WETTER

☐   ☐   ☐   ☐   ☐   ☐   ☐

☐ **LIGASPIEL** ☐ **FREUNDSCHAFTSSPIEL**

Gegner

Tore/Minute

Spielstätte

Datum

Ergebnis

Bester Spieler

AUFSTELLUNG

Kapitän: ....

Abwehr: ....

....

Mitte: ....

....

Sturm: ....

Reserve: ....

Einwechslungen: ....

....

Trainer: ....

GELBE KARTEN/VERWARNUNGEN

....

Schiri:
gut ☐   mittel ☐   mies ☐   voll parteiisch ☐

SO LIEF MEIN SPIEL

....

....

....

....

....

....

WETTER

☐   ☐   ☐   ☐   ☐   ☐   ☐

☐ **LIGASPIEL** ☐ **FREUNDSCHAFTSSPIEL**

Gegner | Tore/Minute

Spielstätte

Datum

Ergebnis

Bester Spieler

AUFSTELLUNG

Kapitän: ....

Abwehr: ....

....

Mitte: ....

....

Sturm: ....

Reserve: ....

....

Einwechslungen: ....

....

Trainer: ....

GELBE KARTEN/VERWARNUNGEN

....

Schiri:
gut ☐   mittel ☐   mies ☐   voll parteiisch ☐

SO LIEF MEIN SPIEL

....
....
....
....
....
....

WETTER

☐ ☐ ☐ ☐ ☐ ☐ ☐

☐ **LIGASPIEL** ☐ **FREUNDSCHAFTSSPIEL**

Gegner	Tore/Minute
Spielstätte	
Datum	
Ergebnis	
Bester Spieler	

AUFSTELLUNG

Kapitän: ....

Abwehr: ....

....

Mitte: ....

....

Sturm: ....

Reserve: ....

....

Einwechslungen: ....

....

Trainer: ....

GELBE KARTEN/VERWARNUNGEN

....

Schiri:
gut ☐   mittel ☐   mies ☐   voll parteiisch ☐

SO LIEF MEIN SPIEL

....

....

....

....

....

....

WETTER

☀ ☐   ☁ ☐   💧 ☐   🌡 ☐   🌪 ☐   ⛈ ☐   ❄ ☐

☐ **LIGASPIEL** ☐ **FREUNDSCHAFTSSPIEL**

Gegner

Tore/Minute

Spielstätte

Datum

Ergebnis

Bester Spieler

AUFSTELLUNG

Kapitän: ....

Abwehr: ....

....

Mitte: ....

....

Sturm: ....

Reserve: ....

....

Einwechslungen: ....

....

Trainer: ....

GELBE KARTEN/VERWARNUNGEN

....

Schiri:
gut ☐   mittel ☐   mies ☐   voll parteiisch ☐

SO LIEF MEIN SPIEL

....

....

....

....

....

....

WETTER

☐ ☐ ☐ ☐ ☐ ☐ ☐

☐ **LIGASPIEL** ☐ **FREUNDSCHAFTSSPIEL**

Gegner	Tore/Minute
Spielstätte	
Datum	
Ergebnis	
Bester Spieler	

AUFSTELLUNG

Kapitän: ....

Abwehr: ....

....

Mitte: ....

....

Sturm: ....

Reserve: ....

....

Einwechslungen: ....

....

Trainer: ....

GELBE KARTEN/VERWARNUNGEN

....

Schiri:
gut ☐   mittel ☐   mies ☐   voll parteiisch ☐

SO LIEF MEIN SPIEL

....

....

....

....

....

....

WETTER

☐   ☐   ☐   ☐   ☐   ☐   ☐

☐ **LIGASPIEL** ☐ **FREUNDSCHAFTSSPIEL**

Gegner

Tore/Minute

Spielstätte

Datum

Ergebnis

Bester Spieler

AUFSTELLUNG

Kapitän: ....

Abwehr: ....

....

Mitte: ....

....

Sturm: ....

Reserve: ....

....

Einwechslungen: ....

....

Trainer: ....

GELBE KARTEN/VERWARNUNGEN

....

Schiri:
gut ☐   mittel ☐   mies ☐   voll parteiisch ☐

SO LIEF MEIN SPIEL

....
....
....
....
....
....

WETTER

☐   ☐   ☐   ☐   ☐   ☐   ☐

☐ **LIGASPIEL** ☐ **FREUNDSCHAFTSSPIEL**

Gegner

Tore/Minute

Spielstätte

Datum

Ergebnis

Bester Spieler

AUFSTELLUNG

Kapitän: ....

Abwehr: ....

....

Mitte: ....

....

Sturm: ....

Reserve: ....

....

Einwechslungen: ....

....

Trainer: ....

GELBE KARTEN/VERWARNUNGEN

....

Schiri:
gut ☐   mittel ☐   mies ☐   voll parteiisch ☐

SO LIEF MEIN SPIEL

....
....
....
....
....
....

WETTER

☐ ☐ ☐ ☐ ☐ ☐ ☐

☐ **LIGASPIEL** ☐ **FREUNDSCHAFTSSPIEL**

Gegner

Tore/Minute

Spielstätte

Datum

Ergebnis

Bester Spieler

AUFSTELLUNG

Kapitän: ....

Abwehr: ....

....

Mitte: ....

....

Sturm: ....

Reserve: ....

....

Einwechslungen: ....
....

Trainer: ....

GELBE KARTEN/VERWARNUNGEN

....

Schiri:
gut ☐   mittel ☐   mies ☐   voll parteiisch ☐

SO LIEF MEIN SPIEL

....
....
....
....
....
....
....

WETTER

☐   ☐   ☐   ☐   ☐   ☐   ☐

☐ **LIGASPIEL** ☐ **FREUNDSCHAFTSSPIEL**

Gegner

Tore/Minute

Spielstätte

Datum

Ergebnis

Bester Spieler

AUFSTELLUNG

Kapitän: ....

Abwehr: ....

....

Mitte: ....

....

Sturm: ....

Reserve: ....

....

Einwechslungen: ....

....

Trainer: ....

GELBE KARTEN/VERWARNUNGEN

....

Schiri:
gut ☐　　mittel ☐　　mies ☐　　voll parteiisch ☐

SO LIEF MEIN SPIEL

....
....
....
....
....
....

WETTER

☐　☐　☐　☐　☐　☐　☐

☐ **LIGASPIEL** ☐ **FREUNDSCHAFTSSPIEL**

Gegner

Tore/Minute

Spielstätte

Datum

Ergebnis

Bester Spieler

AUFSTELLUNG

Kapitän: ....

Abwehr: ....

....

Mitte: ....

....

Sturm: ....

Reserve: ....

....

SPIELBERICHTSBOGEN

Einwechslungen: ....

....

Trainer: ....

GELBE KARTEN/VERWARNUNGEN

....

Schiri:
gut ☐   mittel ☐   mies ☐   voll parteiisch ☐

SO LIEF MEIN SPIEL

....
....
....
....
....
....

WETTER

☐   ☐   ☐   ☐   ☐   ☐   ☐

☐ **LIGASPIEL** ☐ **FREUNDSCHAFTSSPIEL**

Gegner

Tore/Minute

Spielstätte

Datum

Ergebnis

Bester Spieler

AUFSTELLUNG

Kapitän: ....

Abwehr: ....

....

Mitte: ....

....

Sturm: ....

Reserve: ....

....

Einwechslungen: ....

....

Trainer: ....

GELBE KARTEN/VERWARNUNGEN

....

....

Schiri:
gut ☐   mittel ☐   mies ☐   voll parteiisch ☐

SO LIEF MEIN SPIEL

....
....
....
....
....
....

WETTER

☐   ☐   ☐   ☐   ☐   ☐   ☐

☐ **LIGASPIEL** ☐ **FREUNDSCHAFTSSPIEL**

Gegner

Tore/Minute

Spielstätte

Datum

Ergebnis

Bester Spieler

AUFSTELLUNG

Kapitän: ....

Abwehr: ....

....

Mitte: ....

....

Sturm: ....

Reserve: ....

....

Einwechslungen: ....

....

Trainer: ....

GELBE KARTEN/VERWARNUNGEN

....

Schiri:
gut ☐   mittel ☐   mies ☐   voll parteiisch ☐

SO LIEF MEIN SPIEL

....
....
....
....
....
....

WETTER

☐   ☐   ☐   ☐   ☐   ☐   ☐

☐ **LIGASPIEL** ☐ **FREUNDSCHAFTSSPIEL**

Gegner

Spielstätte

Datum

Ergebnis

Bester Spieler

Tore/Minute

AUFSTELLUNG

Kapitän: ....

Abwehr: ....

....

Mitte: ....

....

Sturm: ....

Reserve: ....

....

Einwechslungen: ....

....

Trainer: ....

GELBE KARTEN/VERWARNUNGEN

....

Schiri:
gut ☐   mittel ☐   mies ☐   voll parteiisch ☐

SO LIEF MEIN SPIEL

....

....

....

....

....

WETTER

☐ ☐ ☐ ☐ ☐ ☐ ☐

☐ **LIGASPIEL** ☐ **FREUNDSCHAFTSSPIEL**

Gegner

Tore/Minute

Spielstätte

Datum

Ergebnis

Bester Spieler

AUFSTELLUNG

Kapitän: ....

Abwehr: ....

....

Mitte: ....

....

Sturm: ....

Reserve: ....

....

Einwechslungen: ....

....

Trainer: ....

GELBE KARTEN/VERWARNUNGEN

....

Schiri:
gut ☐   mittel ☐   mies ☐   voll parteiisch ☐

SO LIEF MEIN SPIEL

....
....
....
....
....
....

WETTER

☐   ☐   ☐   ☐   ☐   ☐   ☐

☐ **LIGASPIEL** ☐ **FREUNDSCHAFTSSPIEL**

Gegner

Tore/Minute

Spielstätte

Datum

Ergebnis

Bester Spieler

AUFSTELLUNG

Kapitän: ....

Abwehr: ....

....

Mitte: ....

....

Sturm: ....

Reserve: ....

....

Einwechslungen: ....

....

Trainer: ....

GELBE KARTEN/VERWARNUNGEN

....

Schiri:
gut ☐   mittel ☐   mies ☐   voll parteiisch ☐

SO LIEF MEIN SPIEL

....
....
....
....
....
....
....

WETTER

☐   ☐   ☐   ☐   ☐   ☐   ☐

☐ **LIGASPIEL** ☐ **FREUNDSCHAFTSSPIEL**

Gegner

Tore/Minute

Spielstätte

Datum

Ergebnis

Bester Spieler

AUFSTELLUNG

Kapitän: ....

Abwehr: ....

....

Mitte: ....

....

Sturm: ....

Reserve: ....

....

SPIEL BERICHTS BOGEN

Einwechslungen: ....
....

Trainer: ....

GELBE KARTEN/VERWARNUNGEN

....

Schiri:
gut ☐   mittel ☐   mies ☐   voll parteiisch ☐

SO LIEF MEIN SPIEL

....
....
....
....
....
....
....

WETTER

☐   ☐   ☐   ☐   ☐   ☐   ☐

☐ LIGASPIEL ☐ FREUNDSCHAFTSSPIEL

Gegner

Tore/Minute

Spielstätte

Datum

Ergebnis

Bester Spieler

AUFSTELLUNG

Kapitän: ....

Abwehr: ....

....

Mitte: ....

....

Sturm: ....

Reserve: ....

....

Einwechslungen: ....
....

Trainer: ....

GELBE KARTEN/VERWARNUNGEN

....

Schiri:
gut ☐   mittel ☐   mies ☐   voll parteiisch ☐

SO LIEF MEIN SPIEL

....
....
....
....
....
....

WETTER

☐   ☐   ☐   ☐   ☐   ☐   ☐

☐ **LIGASPIEL** ☐ **FREUNDSCHAFTSSPIEL**

Gegner

Tore/Minute

Spielstätte

Datum

Ergebnis

Bester Spieler

AUFSTELLUNG

Kapitän: ....

Abwehr: ....

....

Mitte: ....

....

Sturm: ....

Reserve: ....

....

Einwechslungen: ....

....

Trainer: ....

GELBE KARTEN/VERWARNUNGEN

....

Schiri:
gut ☐   mittel ☐   mies ☐   voll parteiisch ☐

SO LIEF MEIN SPIEL

....
....
....
....
....
....

WETTER

☐   ☐   ☐   ☐   ☐   ☐   ☐

☐ **LIGASPIEL** ☐ **FREUNDSCHAFTSSPIEL**

Gegner

Tore/Minute

Spielstätte

Datum

Ergebnis

Bester Spieler

AUFSTELLUNG

Kapitän: ....

Abwehr: ....

....

Mitte: ....

....

Sturm: ....

Reserve: ....

....

Einwechslungen: ....
....

Trainer: ....

GELBE KARTEN/VERWARNUNGEN

....

Schiri:
gut ☐ mittel ☐ mies ☐ voll parteiisch ☐

SO LIEF MEIN SPIEL

....
....
....
....
....
....

WETTER

☐ ☐ ☐ ☐ ☐ ☐ ☐

☐ **LIGASPIEL** ☐ **FREUNDSCHAFTSSPIEL**

Gegner

Tore/Minute

Spielstätte

Datum

Ergebnis

Bester Spieler

AUFSTELLUNG

Kapitän: ....

Abwehr: ....

....

Mitte: ....

....

Sturm: ....

Reserve: ....

....

Einwechslungen: ....
....

Trainer: ....

GELBE KARTEN/VERWARNUNGEN

....

Schiri:
gut ☐   mittel ☐   mies ☐   voll parteiisch ☐

SO LIEF MEIN SPIEL

....
....
....
....
....
....

WETTER

☐   ☐   ☐   ☐   ☐   ☐   ☐

Datum

Veranstalter

TEILNEHMENDE MANNSCHAFTEN

M 01

M 02

M 03

M 04

SPIELERGEBNISSE

Nr.		
1		M 02 ←
2		M 04 ←
3		M 03 ←
4		M 02 ←
5		M 04 ←
6		M 02 ←

Spielort

ENDSTAND

Platz		Punkte	Tordifferenz
1			
2			
3			
4			

		Ergebnis
→ M 01		:
→ M 03		:
→ M 01		:
→ M 04		:
→ M 01		:
→ M 03		:

Datum		Veranstalter	

TEILNEHMENDE MANNSCHAFTEN

M01	
M02	
M03	
M04	

SPIELERGEBNISSE

Nr.		
1		M02 ←
2		M04 ←
3		M03 ←
4		M02 ←
5		M04 ←
6		M02 ←

Spielort

ENDSTAND

Platz		Punkte	Tordifferenz
1			
2			
3			
4			

		Ergebnis
→ M01		:
→ M03		:
→ M01		:
→ M04		:
→ M01		:
→ M03		:

Datum | Veranstalter

TEILNEHMENDE MANNSCHAFTEN

M 01
M 02
M 03
M 04

SPIELERGEBNISSE

Nr.		
1		M 02 ←
2		M 04 ←
3		M 03 ←
4		M 02 ←
5		M 04 ←
6		M 02 ←

Spielort

ENDSTAND

Platz		Punkte	Tordifferenz
1			
2			
3			
4			

		Ergebnis
→ M01		:
→ M03		:
→ M01		:
→ M04		:
→ M01		:
→ M03		:

Datum | Veranstalter

TEILNEHMENDE MANNSCHAFTEN

M01	
M02	
M03	
M04	

SPIELERGEBNISSE

Nr.		
1		M02 ←
2		M04 ←
3		M03 ←
4		M02 ←
5		M04 ←
6		M02 ←

Spielort

ENDSTAND

Platz		Punkte	Tordifferenz
1			
2			
3			
4			

		Ergebnis	
→ M01		:	
→ M03		:	
→ M01		:	
→ M04		:	
→ M01		:	
→ M03		:	

(Format 10 x 7 cm)

Hier kannst du Fotos von dir und deinem Team einkleben, die während der Saison entstanden sind.

(Format 10 x 7 cm)

Hier kannst du Fotos von dir und deinem Team einkleben, die während der Saison entstanden sind.